# UNE PAGE

## DE

# L'HISTOIRE DU 4 SEPTEMBRE 1870

## PAR

## KOLB-BERNARD

Député du Nord.

EXTRAIT DU CONTEMPORAIN, LIVRAISON DU 1er JUILLET 1873.

# PARIS

IMPRIMERIE JULES LE CLERE ET Cie

IMPRIMEURS DE N. S. P. LE PAPE ET DE L'ARCHEVÊCHÉ DE PARIS

RUE CASSETTE, 29, PRÈS SAINT-SULPICE

1873

# UNE PAGE

## DE

# L'HISTOIRE DU 4 SEPTEMBRE 1870 [1]

---

Parmi les journées fameuses et fatales qui ont été les étapes de la révolution depuis quatre-vingts ans, la journée du 4 septembre 1870 est certainement l'une de celles auxquelles s'attache le caractère le plus odieux et le plus coupable.

Elle s'est faite, en effet, sous le coup d'ambitions cupides, exploitant pour se satisfaire les malheurs de la patrie et s'imposant au pays à la faveur d'un désastre national.

Là où la catastrophe de Sedan et l'invasion du sol français, remplissant les cœurs d'une profonde et patriotique douleur, réclamaient avant tout, avec l'abnégation et le dévouement,

[1] Une brochure de M. Ernest Dréolle, député au Corps législatif, a déjà présenté le récit fidèle et animé des événements de cette lamentable journée. La part qu'il y a prise lui a permis de faire connaître des détails nombreux et remplis d'intérêt. La physionomie du drame qui s'est accompli ne pouvait apparaître avec plus d'exactitude et de vérité.

Toutefois les incidents ont été nombreux et variés ; quelques-uns d'entre eux ont un caractère tout individuel ; ce sont des traits nouveaux qui ne sauraient être négligés.

C'est dans cette pensée qu'il a paru utile à celui qui écrit ces lignes d'exposer à son tour, avec ses impressions propres, la part d'action qui lui appartient dans ce triste épisode de sa vie politique. (Voir *la Journée du 4 septembre au Corps législatif*, avec notes sur les journées du 3 et du 5 septembre, souvenirs politiques. Ernest Dréolle. Paris, P. Amyot, éditeur, 8, rue de la Paix. — 1871.)

l'union de toutes les forces et de tous les concours ; là où l'intérêt politique avait le devoir impérieux de se subordonner au salut du pays, il s'est trouvé des hommes qui ont trouvé l'occasion bonne de satisfaire leurs appétits de pouvoir et qui n'ont pas craint, dans les graves complications d'une guerre néfaste, d'ajouter la complication suprême d'une révolution désordonnée dont ils allaient faire l'auxiliaire de l'ennemi.

Et ce coup de main s'accomplissait-il à titre d'une nécessité inéluctable ? Bien loin de là. Ce qui était manifestement nécessaire, c'était le gouvernement provisoire que les grands corps de l'État, s'inspirant des nécessités de la situation et des justes griefs de l'opinion publique contre le gouvernement impérial, travaillaient à lui substituer en attendant que la nation pût être consultée ; c'était ce gouvernement parlementaire, revêtu du caractère légal, agissant avec autorité pour maintenir l'ordre public et pour tirer ainsi, au profit de la défense nationale, le parti le plus efficace de tout ce que le pays contenait encore de ressources matérielles et morales.

L'histoire dira quels étaient ces hommes dont la témérité criminelle affrontait une si lourde responsabilité. Elle signalera à quelle distance de la mission redoutable qu'ils s'arrogeaient se trouvait le niveau de leur capacité, de leur autorité morale, de leur caractère. Elle constatera comment ce gouvernement ne fut qu'une curée : et comment, acclamé comme toujours, au nom de la liberté, il se traîna pendant cinq mois dans l'impuissance et le désordre, entre les orgies de la dictature et les orgies de l'anarchie, pour aboutir à cette paix désespérante dont sa présomption avait doublé les désastres, en même temps qu'il léguait à ses successeurs la guerre sociale telle qu'elle s'est révélée au monde dans les abominations de la Commune. Dieu seul, qui sonde les cœurs et les reins, sait la part différente à faire à ceux qui se sont trouvés réunis dans la complicité de ce crime politique. Quoi qu'il en soit, la sévérité de l'avenir lui fera sa place dans les plus grandes hontes de notre époque.

La journée du 4 septembre n'a pas, d'ailleurs, été une journée isolée. Elle avait été savamment préparée par les ambitions qui se tenaient aux aguets, à la suite des malheurs militaires de la France. Et lorsqu'au nombre des mesures auxquelles le gouvernement et les Chambres donnaient chaque jour un nouveau développement, l'opposition, multipliant ses motions et ses objur-

gations passionnées, insistait sans relâche pour presser l'armement de la garde nationale affranchie de toute exclusion et
ouverte aux éléments les plus dangereux, comment ne pas
reconnaître dans cette ardeur systématique le dessein de préparer à d'autres luttes que les luttes contre l'ennemi ces masses
toujours prêtes au renversement?

Déjà d'ailleurs leurs dispositions s'étaient révélées dans les
craintes manifestées par les députés de l'opposition signalant le
défaut de concours, pour la défense de Paris, de la part des
populations des faubourgs, qui, disaient-ils, déclaraient ne pas
vouloir se battre pour l'empereur. Dès ce moment, on pouvait
pressentir qu'il y avait pour elles un intérêt plus grand que
l'affranchissement du territoire national : l'intérêt d'obtenir le
gouvernement conforme à leurs longues aspirations de domina-
tion. Elles demandaient des armes, non pas pour les tourner
contre les Prussiens, mais, et ce qui est arrivé depuis l'a suffisam-
ment prouvé, pour conquérir et défendre la république sociale et
communiste.

C'était d'ailleurs l'une des prévisions dès longtemps entre-
vues par ceux dont la pensée, inquiétée par les agissements du
gouvernement impérial, s'était portée sur les éventualités de
l'avenir. L'invasion et la révolution se présentant de concert et
réunissant leurs fléaux, telle était l'association redoutable que
des esprits réfléchis avaient plus d'une fois annoncée comme la
solution fatale d'un règne qui, usant dans un intérêt personnel
tous les ressorts du gouvernement, n'avait été, dans le fond,
qu'une menace continue à l'Europe et qu'un perpétuel encoura-
gement aux passions subversives.

Ces machinations de l'opposition ne pouvaient échapper ni au
Corps législatif ni au gouvernement. Le ministère se retranchait,
et il le faisait d'ailleurs avec vérité, derrière le prétexte que les
armes manquaient, pour ralentir autant que possible la formation
de ces phalanges citoyennes qui, si souvent en France, n'ont été
que des instruments de révolution. Ce retard, moitié calculé,
moitié justifié, était exploité par les membres de l'opposition.
Ils étaient acclamés par des groupes plus ou moins nombreux et
ardents, répandus aux abords du Corps législatif sur le pont de
la Concorde, sur le quai d'Orsay. La police, hésitante et intimidée
devant ces manifestations concertées et de mauvais présage, se
contentait de ménager, entre deux haies de l'émeute naissante,

un passage libre pour les députés. Lorsque se montraient ceux sur lesquels la révolution comptait, les cris, les vivat, les applaudissements, l'agitation de la foule leur faisaient des triomphes sinistres dont ils se montraient fiers et reconnaissants.

C'est ainsi que se préparait l'explosion destinée bientôt à éclater dans le sein de la capitale. Cependant la période comprise entre Frœschwiller et Sedan n'avait pas été sans laisser quelque place à l'espérance. Un moment, à la vérité, le gouvernement avait été vivement ému de l'intention manifestée par le maréchal Mac-Mahon de se diriger sur la capitale avec les forces qu'il était parvenu à réunir. Ce mouvement, approuvé par les uns, et spécialement par M. Thiers et le général Trochu, comme l'indication formelle de la science stratégique, était, au contraire, regardé dans les conseils du gouvernement comme une faute militaire et une imprudence politique. Sous ce dernier rapport, on signalait le danger de la présence de l'empereur près de Paris mécontent et irrité. D'une autre part, il ne paraissait pas possible d'abandonner à l'isolement, au milieu des forces ennemies, Bazaine et son armée : l'on tenait que la jonction entre elle et l'armée du maréchal Mac-Mahon était la seule chance qui pût rester de réparer les désastres antérieurs et de prendre une revanche libératrice contre les légions allemandes. Des instructions péremptoires furent adressées au maréchal Mac-Mahon et firent cesser ses indécisions.

Une fois ce mouvement connu du public, chacun y attachait, comme à une ancre de salut, sa pensée, sa sollicitude, sa confiance. Pendant plusieurs jours on put croire que la jonction était en voie d'exécution. On affirmait que les chefs des deux armées avaient pu avoir une entrevue dans laquelle ils avaient concerté leurs mouvements respectifs. On citait des fragments de lettres écrites à la duchesse de Magenta par le maréchal, qui lui donnait les meilleures espérances. Il s'était fait ainsi dans le sentiment public une période d'accalmie. Quelles que fussent les anxiétés, on ne pouvait les séparer de la pensée d'un retour de fortune. Le temps même qui s'écoulait sans nouvelles semblait le préparer.

C'est le vendredi soir 2 septembre que la sinistre vérité commença à poindre. J'avais eu à me rendre dès cinq heures du soir au ministère des travaux publics où j'avais introduit le matin un ingénieur anglais qui m'avait été adressé comme ayant imaginé des moyens nouveaux pour gêner, par des obstacles, la marche de l'ennemi. Le baron Jérôme David, que je demandai, était absent. Je fus reçu par son secrétaire, qui, après m'avoir entretenu un moment de l'affaire à laquelle je prenais intérêt, répondit à mes questions sur la situation des choses en me disant que des nouvelles d'une nature très-inquiétante étaient parvenues. Sans indiquer, peut-être parce qu'il l'ignorait lui-même, la prise de Sedan et la reddition de l'empereur, il me parla d'une grande bataille perdue dans laquelle le maréchal Mac-Mahon avait été blessé. Sur ma demande s'il y avait danger pour sa vie, l'indication, restée indécise, pouvait laisser tout à supposer.

Je revins chez moi le cœur serré et préparé aux plus douloureuses éventualités.

Le lendemain, des rumeurs sinistres, mais vagues encore, se répandirent dans la population. Elles avaient particulièrement pénétré dans le sein du Corps législatif, où les députés, en proie aux plus légitimes inquiétudes, pressèrent les ministres, et spécialement le général Palikao, de leur faire connaître la vérité tout entière. Mais eux-mêmes, à ce moment, prétendirent n'avoir encore aucune nouvelle certaine. C'était, disaient-ils, par des correspondances indirectes que les avis étaient parvenus, et il fallait s'en défier. C'est dans ce sens que le général de Palikao, pour souscrire au vœu de la Chambre et répondre aux interpellations qui lui étaient adressées, fit, sous toute réserve, à la tribune, des communications dont il cherchait à atténuer la gravité en mettant sur le compte de l'exagération et même de l'invention, qui a toujours sa part en pareille circonstance, la partie la plus alarmante des incidents. C'est à ce titre qu'il enveloppa dans une phrase obscure et comme ne méritant aucune créance sérieuse le bruit que l'empereur se trouvait entre les mains de l'ennemi.

On comprend à quelles agitations l'Assemblée fut livrée par cet exposé, quelque voilés qu'en fussent les termes. Le désastre n'était mis en doute par personne : son étendue seule restait incertaine. Mais quelle qu'elle fût, c'était la France menacée des plus grands malheurs, et c'étaient ces malheurs se dressant comme une suprême accusation contre le gouvernement qui en portait l'écrasante responsabilité. L'accusation était dans toutes les bouches, elle y était avec des intentions diverses. Le sentiment général était incontestablement que le gouvernement, si profondément atteint dans son autorité morale et dans cette puissance factice dont il avait surtout vécu, n'était plus à la hauteur des circonstances périlleuses où se trouvait le pays. Mais si ceux qui s'étaient appelés *les irréconciliables*, apercevant le but de leurs longues hostilités, se montraient pressés de l'atteindre et de renverser le pouvoir ébranlé, c'était à d'autres préoccupations et à des préoccupations d'une nature complexe qu'étaient livrés les membres de l'Assemblée, partagés entre deux sentiments opposés. D'un côté se montrait l'insuffisance reconnue du gouvernement complétement discrédité dans l'opinion publique et la nécessité d'élargir l'action du pouvoir législatif, la seule force morale qui existât encore. D'un autre côté, il y avait, pour un grand nombre, la crainte de s'engager dans une voie révolutionnaire en sortant des termes de la légalité constitutionnelle et en déprimant un pouvoir auquel on était lié par le serment.

Ce scrupule s'accentuait avec plus de relief dans les consciences, en présence d'une opposition que l'on savait disposée à pousser les choses jusqu'aux dernières extrémités. De là des hésitations et des gênes qui paralysaient l'action. Elles existaient d'ailleurs, déjà depuis quelque temps. Peut-être y aurait-on échappé en grande partie par une initiative intelligente du pouvoir s'adressant ouvertement, au nom du salut public, à l'intervention du Corps législatif. Mais on avait devant soi un gouvernement de régence, c'est-à-dire un gouvernement délégué et contenu dans ses attributions. La question de prérogative y tenait une place d'autant plus grande qu'on était encore sous le coup des concessions faites quelque temps auparavant par l'autorité souveraine et qu'elles étaient considérées par le parti auquel appartenait le ministère comme ayant atteint et peut-être dépassé ses limites extrêmes. Il y avait là un dépôt qu'on voulait, avant tout, conserver intact. C'est ce qui s'était déjà manifesté à l'occasion d'un projet relatif à la constitution d'un comité de défense regardé comme l'une des mesures les plus indispensables du moment. Dans les intentions de la Chambre, les membres de ce comité devaient être pris dans son sein et nommés directement par elle. Le ministre, pour prévenir toute résolution de cette nature, qu'il regardait comme une atteinte au pouvoir exécutif, voulut se réserver l'honneur de l'initiative. Désireux d'ailleurs de complaire au Corps législatif en faisant entrer dans le comité les hommes sur lesquels son choix ne pouvait être douteux, le gouvernement fit connaître à M. Thiers l'intention qu'il avait de le nommer et le prix qu'il attachait à son acceptation. Nonobstant les hésitations de son patriotisme, M. Thiers jugea qu'il ne pouvait tenir son mandat que de la Chambre elle-même : il déclina l'invitation qui lui était faite.

Des difficultés du même genre se produisirent plus tard, dans une situation devenue plus grave.

Le soir du 3 septembre arrivèrent des nouvelles authentiques qui ne laissaient plus aucun doute sur l'effroyable catastrophe. Elle allait au delà de ce que l'imagination avait pu prévoir. L'effet en fut terrible sur les esprits frappés de stupeur et d'indignation. C'était la honte et la ruine pour la France. C'était surtout la honte et la ruine pour l'empereur. Nul ne pensait que ni l'existence de son pouvoir ni celle de sa dynastie pussent survivre à ce cataclysme national.

Le moment de prendre un grand parti était venu. Mais alors que l'agitation grandissait au dehors, les tiraillements et l'indécision régnaient au sein du conseil. Diverses causes venaient paralyser son action : l'antagonisme survenu entre le général de Palikao et le général Trochu devenu suspect au gouvernement ; la crainte des empiétements du Corps législatif dont on ne pouvait se passer et dont on ne voulait se servir qu'avec réserve ; puis enfin cette sorte d'énervement du pouvoir livré à l'insuffisance d'une régence, entre les mains d'une femme, si digne qu'elle fût de sa mission, au milieu de circonstances si gravement exceptionnelles, vis-à-vis de l'émeute qui se montrait imminente. Les avis étaient partagés : les uns penchaient pour des mesures de répression violente, les autres les condamnaient comme dangereuses et propres seulement à aggraver le mal. L'impératrice partageait cette dernière opinion : profondément émue, elle déclara sa volonté qu'aucune goutte de sang ne fût versée pour sa cause.

Le temps s'écoulait sans faire surgir aucune résolution formelle, et ce ne fut qu'à grand'peine qu'un certain nombre de députés, réunis spontanément dans la soirée au Corps législatif, parvinrent, à force de démarches, d'instances, de pressions, à obtenir que le Corps législatif fût convoqué pour une séance de nuit. L'on sait ce qui s'y passa, comment le ministère s'abstint de proposer aucune mesure ; comment même il garda le silence lorsque M. Jules Favre, après avoir mis en relief les événements sur lesquels s'était faite une sinistre lumière, termina son discours par une proposition tendant à déclarer la déchéance de l'empereur et de la dynastie impériale. L'on sait enfin comment, sur cette proposition, le président du Corps législatif se hâta de clore la séance, après la résolution prise par l'Assemblée de se réunir le lendemain à midi.

Que se passa-t-il à partir de ce moment dans cette nuit fatale? Quels mystères d'iniquités s'y sont accomplis? Les révélations complètes se feront un jour. Mais comment douter que le temps n'ait été mis à profit pour préparer la journée néfaste dont l'aurore allait luire? Les indices significatifs ne manquent pas. C'était d'abord cette proposition même de déchéance qui s'était fait entendre à la tribune législative comme le coup de tocsin qu'attendait la révolution ; c'étaient ces dix mille adeptes réunis rue de la Sourdière pour recevoir le mot d'ordre de la bouche des membres de la gauche (1) ; c'étaient les indiscrétions échappées à M. Pelletan dans un de ses moments de véhémence (2) ; c'était le simple avis inséré dans le *Siècle* du 4 septembre et indiquant que les gardes nationaux « se réuniraient *sans armes*, sur la place de la Concorde, » rendez-vous donné discrètement à ces tourbes factieuses que nos convulsions intérieures trouvent toujours prêtes pour représenter le peuple souverain (3).

L'agitation qui, dès le matin du 4 septembre, avait envahi une partie de Paris, n'avait pas pénétré d'une manière sensible dans le faubourg Saint-Germain, où j'habitais. Vers onze heures et demie, je me rendis au Corps législatif, n'ayant à parcourir que des rues où la tranquillité et le calme régnaient encore. C'était un étrange contraste que la physionomie de la population vaquant comme d'habitude à ses occupations journalières avec la pensée des tempêtes et des bouleversements qui se préparaient et dont on n'était séparé que de quelques heures. A peine une centaine de curieux se trouvaient réunis, en silence, près de la place

(1) Voir le récit de M. Ernest Dréolle (Documents et notes, pag. 611).

(2) *Ibidem.* Documents et notes, pag. 611.

(3) Ces appréciations se trouvent confirmées par les révélations que le temps à amenées, et en particulier celles qu'a fait entendre M. de Kératry dans un grand *meeting* tenu à Nantes en 1871 dans la salle de la Renaissance.

« Trois semaines avant le 4 septembre, disait M. de Kératry, j'accourais à Paris pour préparer la proclamation de la République...*Dans la nuit du 3 au 4 septembre*, je hâtai, j'activai la déchéance impériale. Je poussai Gambetta à la tribune; je m'emparai avec lui de l'hôtel de ville, puis de la préfecture de police : voilà ce que j'ai fait. »

du Corps législatif occupée et défendue par la cavalerie. Je traversai les groupes ainsi que les rangs des soldats, et je pénétrai dans la cour du Palais-Bourbon occupée, elle aussi, comme elle l'avait été déjà les jours précédents. Les soldats étaient couchés au pied de leurs armes en faisceaux, ne songeant qu'à la fréquence des corvées dont ils cherchaient à atténuer la fatigue.

Arrivé au haut de l'escalier qui, de ce côté, conduit à la salle des Pas-Perdus, je rencontrai un des ministres avec lequel j'étais particulièrement lié et qui me prévint qu'une réunion préparatoire de députés avait lieu dans un bureau qu'il me désigna. Sur son invitation, je m'y rendis. J'y trouvai une trentaine de mes collègues sous la présidence du ministre des travaux publics, le baron Jérôme David. Son attitude était triste, calme et ferme. Il ne tarda pas à prendre la parole. Rappelant les nouvelles déjà connues, il ne dissimula pas que la gravité de la situation ne faisait que s'accroître au dedans de Paris et même au dehors; que les communications transmises au gouvernement annonçaient une grande agitation dans les grandes villes du Midi : « Peut-être, ajouta-t-il, la république est-elle déjà proclamée à Lyon. En face de ces circonstances extrêmes, alors que la révolution levait la tête sur divers points du pays et que l'émeute grondait au sein de la capitale, il faisait appel à l'union du gouvernement et des grands corps de l'État pour conjurer les périls d'une situation doublement menaçante ; il annonçait que le conseil avait délibéré dans cet ordre d'idées et que le ministère était chargé de présenter au Corps législatif un projet de loi tendant à instituer, sous l'autorité de l'impératrice régente, un conseil de gouvernement et de défense nationale composé de cinq membres nommés, à la majorité absolue, par le Corps législatif. Le conseil restait chargé de nommer les ministres. Le baron Jérôme David, en terminant son court exposé, adjurait ses collègues de se serrer autour de l'autorité souveraine et constitutionnelle, qui restait debout dans la personne de l'impératrice ; c'était de ce concours seulement, disait-il, que pouvait sortir la force nécessaire pour résister à l'envahissement du désordre et à l'action des passions subversives.

Rompant le silence qui avait accompagné et suivi l'allocution du ministre, je prononçai quelques paroles pour adhérer à l'ensemble des vues et des communications qu'il avait exposées à la réunion, y compris la nécessité de se rallier autour de l'autorité

encore subsistante. Placé en face de M. Pinard (du Nord), ancien
ministre de l'intérieur, je pus surprendre sur sa physionomie
une expression de surprise provoquée par mes déclarations. En-
traîné par l'émotion du moment, je lui dis avec une certaine vi-
vacité : « Vous vous étonnez, mon cher collègue, des paroles que je
viens de prononcer. Il me semble que vous devriez assez me connaître pour n'avoir à vous étonner que d'une chose, ce serait de
m'entendre parler dans un sens contraire. Je ne suis pas bona-
partiste, je ne l'ai jamais été ; mais je suis un honnête homme :
j'ai prêté un serment et je veux y rester fidèle jusqu'au dernier
moment. » M. Pinard s'excusa en homme loyal qu'il était lui-
même.

Cet incident termina d'ailleurs la séance. En quittant le bureau où nous étions réunis, je me rencontrai à côté de mon ex-
cellent collègue, M. le marquis de Talhouët, qui avait assisté à la
conférence. Il me dit à voix basse, avec une profonde tristesse,
faisant allusion aux communications de M. Jérôme David :
« Hélas ! nous sommes déjà bien loin de tout cela ! »

Je ne tardai pas à m'en convaincre.

La Chambre, réunie en séance, avait été saisie de trois propositions : la première en date, celle de M. Jules Favre, qui l'avait
présentée dans la séance de nuit et qui l'avait reprise, impliquait
formellement la déchéance de l'empire. La seconde, apportée au
nom du gouvernement par le général de Palikao, supposait, sans
l'exprimer d'une manière explicite, le maintien de la régence
avec la constitution d'un conseil de gouvernement et de défense
nationale dont le général ferait partie de droit, les autres membres étant nommés à la majorité absolue par le Corps législatif.
La troisième était celle de M. Thiers ; sa première rédaction com-
mençait par ces mots : « Vu la vacance du pouvoir.... » mais des
réclamations nombreuses s'étant élevées de la part des membres
de la majorité, M. Thiers avait cédé à leurs représentations et
avait substitué aux mots qui précèdent la version suivante : « Vu
les circonstances.... »

Cette troisième proposition différait des deux autres sur ce
point important que, contrairement à la proposition de M. Jules
Favre, elle écartait l'*affirmation* de la déchéance de l'empire, et
que, différant de la proposition du général de Palikao, elle ne
contenait pas l'affirmation expresse ou implicite du maintien de
la régence. C'était en réalité une formule, non pas négative, mais

suspensive de la double question de la déchéance du pouvoir ou du maintien de la régence. C'était, en un mot, comme une sorte de composition avec des nécessités fatales qui, de plus en plus, se montraient à tous les yeux, et d'un autre côté, avec les scrupules d'une assemblée honnête qui ne voulait pas rompre avec ses obligations légales.

Les trois propositions avaient été renvoyées aux bureaux chargés d'en faire l'examen collectif et de nommer une commission.

Avant de se rendre dans les bureaux, les députés s'étaient répandus dans la salle des Pas-Perdus, et un grand nombre de groupes s'étaient formés, où l'on discutait la valeur des formules entre lesquelles il y avait à choisir. Quelques membres, désireux dans une matière aussi délicate de marcher avec le gouvernement, pressaient le général de Palikao d'adhérer à la proposition de M. Thiers. Le général opposait une résistance calme mais absolue. Il se retranchait derrière l'autorité du conseil tout entier de qui émanait la proposition faite, en son nom, à l'Assemblée ; il invoquait le devoir qui lui était imposé de la soutenir. Il lui paraissait d'ailleurs que, dans les termes où elle était présentée, elle devait donner satisfaction à toutes les exigences.

Il se faisait là un nouvel exemple de la difficulté qui existe pour un gouvernement, au milieu des troubles politiques où nous vivons depuis quatre-vingts ans, dans la ruine de tous les principes traditionnels, de saisir l'opportunité des mesures. C'est dans ces moments surtout que l'étoile polaire fait défaut. On peut penser que si, telle qu'elle était formulée en dernier lieu, la proposition du général de Palikao avait été présentée huit jours auparavant, ainsi que l'appelaient la gravité des circonstances et le vœu de la Chambre, cette proposition eût eu la certitude d'y rencontrer un accueil favorable. Cette association, en temps utile du gouvernement et des chambres dans un pouvoir commun, eût pu donner aux événements un cours plus régulier et plus salutaire, en évitant le cataclysme qui allait apporter à nos échecs militaires la coupable et honteuse complication de nos divisions intestines.

Mais telle est la fatalité des gouvernements de fait auxquels nous a livrés l'esprit révolutionnaire : aussi faciles à détruire qu'à édifier, destitués de la force morale que donne le droit, comptables vis-à-vis de la conscience publique du vice de leur origine, ils n'ont d'autre appui que l'habileté humaine, toujours courte devant le malheur, et toujours réservée, lorsque arrive l'heure de la crise suprême, à l'humiliation d'arriver trop tard.

Les controverses et les conversations qui se produisaient entre-temps parmi les députés répandus dans la salle des Pas-Perdus, avaient jeté dans les esprits quelques hésitations et certaines perplexités auxquelles je n'avais pas échappé. C'est dans cette situation d'esprit que je m'approchai de M. Thiers, qui, isolé en ce moment, paraissait chercher à se rendre compte du courant des impressions. La question ne pouvait d'ailleurs se poser pour lui comme pour la Chambre tout entière, à l'exception d'une faible minorité, qu'entre sa proposition et celle du gouvernement. « Hé bien ! M. Thiers, lui dis-je, qu'allons-nous faire? — Il n'y a de possible que ma proposition, me répondit-il ; mais Buffet a des scrupules. »

Ces scrupules, que je partageais, me mirent presque immédiatement après ces paroles en communication avec M. Buffet, que je trouvai en effet livré à de sérieuses hésitations sur la question de savoir si, au point de vue constitutionnel et au point de vue plus grave encore de la conscience, il pouvait se rallier, contre le vœu du gouvernement, à la proposition de M. Thiers, laquelle paraissait supprimer en fait le pouvoir existant. Tout en reconnaissant qu'elle répondait à des nécessités fatales, il reculait devant la responsabilité d'y donner les mains. C'est alors que du groupe de députés dont nous faisions partie, M. Buffet et moi, surgit l'avis d'aller en conférer avec l'impératrice, afin d'obtenir son adhésion à la seule marche qui, dans cette extrémité, parût possible et la moins dommageable.

Cet avis fut immédiatement accueilli, et l'on se mit en mesure d'y donner la suite la plus prompte. Deux députés attachés à la cour, MM. le comte d'Aiguesvives et le baron de Pierres, que recommandaient également à l'estime de leurs collègues leur dévouement sincère à l'empire et la sagesse de leurs idées politiques, s'offrirent à accompagner la députation dont ils partageaient les vues et pour lui faciliter les moyens d'être admis sans retard près de l'impératrice. Cette députation se composait, en outre de ces deux collègues, de MM. Buffet, le comte Daru, Dupuy de Lôme, Chesnelong, Genton et moi. Toutefois, au moment de partir, M. Chesnelong, séparé de nous par des groupes compacts, ne put nous rejoindre.

Deux voitures de place nous conduisirent rapidement aux Tuileries par le quai d'Orsay et le pont Royal. La route, protégée par des détachements espacés, était entièrement libre. Nul groupe ne s'y était formé et il régnait dans tout le parcours une tranquillité absolue. Elle existait également autour du palais. Nos voitures traversèrent la grande cour d'honneur, où nul mouvement ne se manifestait et qui saisissait l'imagination comme à la vue d'un désert. C'est bien du château des Tuileries tel qu'il apparaissait en ce moment, que l'on pouvait dire, selon un mot de Napoléon I$^{er}$, qu'il était triste comme la grandeur.

Nous fûmes introduits dans l'appartement de l'impératrice, attendant dans la pièce qui précédait, le moment d'être admis en sa présence. Cette pièce n'était occupée que par une seule dame d'honneur et l'officier de service : à chaque pas on sentait que le vide se faisait. M. de Pierres s'étant mis en mesure de nous faire obtenir l'audience de la souveraine, nous nous trouvâmes bientôt en sa présence. M. Jurien de la Gravière accompagnait l'impératrice.

La salle où nous étions reçus était peu spacieuse, l'ameublement y était d'une grande simplicité : les siéges mêmes n'étaient pas en nombre suffisant pour que nous pussions tous nous asseoir sur l'invitation qui nous en avait été faite par l'impératrice. Des domestiques eurent à les compléter. Les rideaux des croisées étaient cachés dans leurs enveloppes, circonstance ordinaire sans doute, puisque à ce moment les Tuileries n'étaient pas habitées, et que l'impératrice, arrivée de la veille seulement, ne s'y trouvait, hélas! que par suite de circonstances imprévues. Et toutefois cet aspect si terne et si modeste du lieu où nous nous trouvions et où, en des temps peu éloignés, tant de luxe et de magnificence avaient été déployés, donnait à la scène du moment un caractère spécial de sévérité. Il y avait là, dans cette tristesse des choses, comme une correspondance secrète avec les événements et comme le signe précurseur de je ne sais quelle décadence fatale.

L'impératrice, dans un costume d'une grande simplicité et exempt de toute trace de recherche, nous reçut debout, avec cette dignité affable qui lui appartenait et qui rehaussait les grâces de sa personne. Après nous avoir conviés à prendre place et après s'être assise elle-même, elle nous dit qu'elle s'était rendue avec empressement au désir exprimé en notre nom d'avoir un entretien avec elle et nous invita à lui faire connaître l'objet de notre visite. Malgré la teinte de profonde tristesse répandue sur sa physionomie, chacun de nous put y lire que cette tristesse n'enlevait rien à l'impératrice de sa fermeté d'âme.

M. Buffet prit la parole. Dans un langage ému, plein de respect, de convenance, de probe franchise, et après avoir fait allusion aux malheurs qui accablaient la France et la famille impériale, il exposa les difficultés devant lesquelles se trouvait le Corps législatif, qui, malgré son désir de soutenir le gouvernement, ne croyait pas possible, dans l'état des esprits et les conjonctures si graves où se trouvait le pays, d'adopter la proposition apportée par le général de Palikao; il ajouta que, pour enlever tout prétexte à la motion de déchéance dont M. Jules Favre s'était fait le promoteur, il avait été formulé une autre proposition dont M. Buffet indiqua l'esprit et les termes; que la très-grande majorité de la Chambre était disposée à se rallier à cette proposition; mais que, pour faire taire des scrupules dont ils étaient les organes et qu'ils éprouvaient eux-mêmes, les députés admis en ce moment près de l'impératrice avaient accepté la mission de venir la conjurer, au nom de la France et au nom de sa générosité de souveraine, dévouée avant tout au salut du pays, de consentir à ce que la proposition nouvelle fût substituée à celle qu'avait apportée le général de Palikao de la part du gouvernement; que la proposition dont il s'agissait, bien que gardant le silence à l'égard du pouvoir existant, ne se prononçait en aucune manière contre lui; que tout, ainsi, était réservé, et qu'à tout prendre, en tenant compte des fatalités qui pesaient sur la situation, cette proposition était encore celle qui pouvait le plus efficacement sauvegarder l'avenir de la dynastie impériale.

Ici un geste de l'impératrice interrompit l'orateur. D'un ton ému et résigné, le regard levé vers le ciel, elle prit la parole à son tour, s'exprimant avec une fermeté digne, dans des termes que nous n'avons pas la prétention de reproduire dans leur entière exactitude, mais dont nous pouvons au moins garantir le sens fidèle.

« Vous invoquez, dit l'impératrice, l'avenir de la dynastie impériale. Ne parlons pas de l'avenir : il n'existe plus..... Non, sous le coup des malheurs qui écrasent la France, c'est son intérêt seul qui absorbe mon âme : ce n'est ni le mien, ni celui de l'empereur, ni celui du prince impérial qui me préoccupe. Ce n'est pas devant l'avenir que j'ai à me placer, c'est devant le présent, devant la question de mon devoir, et rien ne pourra m'empêcher de le remplir. » Et poursuivant avec animation : « Je ne sais quels desseins s'élèvent contre l'empire et contre moi ; s'il s'agit de ma vie, je suis prête à la livrer... mais je ne livrerai jamais mon devoir... Ce que vous me demandez, puis-je le faire ? Ne suis-je pas chargée d'un mandat qui me lie, auquel je dois rester fidèle ?... La proposition apportée à la Chambre par les ministres, c'est celle du conseil tout entier, ce n'est pas la mienne... Je ne peux et ne veux à aucun degré ni à aucun prix me séparer du conseil : j'en suis le premier soldat et je dois rester à mon poste...... Si le conseil pense qu'une nouvelle décision soit devenue impérieuse, qu'il se réunisse, qu'il la propose : je suis prête à tous les sacrifices, si ce n'est celui de mon honneur et de mon devoir : mon honneur et mon devoir, c'est de ne pas déserter, c'est de rester jusqu'au dernier moment sur ce terrain du pouvoir où j'ai été placée, et où, à mon sens, le parti le plus efficace serait, pour les représentants du pays, de se serrer autour de mon gouvernement pour unir nos efforts contre l'invasion étrangère.... »

Ici l'impératrice, après avoir rappelé l'exemple des cortès de Cadix et déclaré qu'elle était prête à suivre le Corps législatif partout où il voudrait organiser la résistance, insista sur l'utilité de sa présence, alors même que la résistance serait reconnue impossible, pour obtenir des conditions de paix moins défavorables. Elle indiqua à l'appui de cette considération l'offre qui lui avait été faite par le représentant d'une grande puissance de travailler à une médiation des États neutres sur ces deux bases : l'intégrité du territoire et le maintien de la dynastie. « La médiation sur le premier point, ajouta l'impératrice, je l'ai acceptée : je l'ai repoussée sur le second point : c'est au pays seul à prononcer sur la maintien de la dynastie. »

M. Buffet, rendant respectueusement hommage aux nobles sentiments de qui venaient d'être exprimés, reconnut que sans doute le meilleur parti à prendre serait celui que suggérait l'impératrice, c'est-à-dire de se serrer autour d'elle, autour de son gouvernement, pour conjurer par des efforts communs les périls dont la France était menacée ; mais que malheureusement l'état des esprits y était absolument opposé ; qu'au dedans de l'assemblée comme au dehors, il s'était fait un courant d'opinion invincible dans le sens de la proposition à laquelle l'impératrice était sollicitée de donner son adhésion, dans la pleine conviction que l'adoption de cette proposition pouvait seule grouper tous les concours et toutes les bonnes volontés pour parer aux dangers du présent en réservant l'avenir. Il fit remarquer que les événements se pressaient avec une rapidité extrême, que l'émeute grondait, que c'était non plus une question de jours ni d'heures, mais une question de minutes ; qu'une résolution prompte était impérieusement commandée et qu'elle ne permettait pas d'en référer aux ministres ; que, d'ailleurs, pressés eux-mêmes de se rallier à la proposition pour laquelle la Chambre avait manifesté sa préférence, ils en avaient décliné la responsabilité, se retranchant, de leur côté, dans l'impossibilité de rien faire sans l'adhésion de la régente ; que l'impératrice, si directement intéressée dans la question qui se posait avec un caractère si prononcé de contrainte morale, restait, en fait, dans cette situation extrême, l'arbitre de la résolution à prendre ; que le concours empressé des ministres ne pouvait être douteux ; que, dans les circonstances graves et pressantes dont on subissait l'étreinte, le devoir politique ne pouvait avoir un caractère absolu ; que la démarche même faite en ce moment près de l'impératrice était un témoignage que les choses en étaient venues à ce point où une nécessité supérieure domine la volonté elle-même. Il suppliait enfin l'impératrice de comprendre le sentiment qui conduisait la députation vers elle, et de donner à des hommes qui voulaient rester fidèles à leurs serments et à leur conscience la possibilité d'agir dans le sens qui leur paraissait le seul praticable pour sauver tout ce qui pouvait encore être sauvé.

L'impératrice persistait à se défendre sur le terrain où elle s'était d'abord placée avec une si grande noblesse de sentiments et une si haute dignité de caractère. Toutefois cette conversation émouvante avait été, à diverses reprises, interrompue par des messages qui se succédaient à courts intervalles pour faire connaître l'état des choses et les phases de l'agitation populaire. Ces messages en annonçaient les progrès rapides. Ils étaient lus avec avidité et émotion par l'impératrice qui nous en faisait connaître la substance. L'un des derniers lui arracha des larmes : c'était celui qui signalait que la foule ameutée renversait les aigles impériales. En nous le traduisant, elle ne put contenir l'expression d'une douleur poignante....

Hélas ! chacun de ces messages était un triste mais puissant argument à l'appui de notre démarche. L'impératrice ne pouvait entièrement échapper à l'effet de cette évidence que chaque moment rendait plus éclatante.

C'est alors que M. le baron de Pierres prit la parole. En quelques mots chaleureux, et au nom même de son dévouement connu à l'empire, il adressa ses supplications à l'impératrice pour qu'elle consentît à ce qui lui était demandé. Plus jaloux de l'honneur de sa souveraine que de son propre honneur, disait-il, il se garderait de lui donner un tel conseil si le plus léger blâme pouvait s'élever contre elle ; mais sa conviction, au contraire, était que l'avenir proclamerait, à l'honneur de l'impératrice, jusqu'où, dans l'intérêt du salut public, elle aurait porté l'esprit de sacrifice et d'abnégation.

M. le comte d'Aiguesvives, placé dans les mêmes conditions que M. le baron de Pierres, ajouta quelques mots pour s'associer à ce que venait de dire son collègue. M. le comte Daru invoqua la nécessité implacable, qui ne laissait plus le choix des moyens. Il insista sur les difficultés que soulèverait, pour le Corps législatif, le refus de l'impératrice. Ce refus lierait la conscience d'un grand nombre de députés qui voulaient rester fidèles a leur serment. Il paralyserait ainsi le seul pouvoir qui fût encore debout, mais qui, au milieu d'une crise si formidable, pouvait être renversé demain s'il n'agissait pas immédiatement pour prévenir les desseins coupables de la révolution. Le devoir et l'honneur de l'impératrice étaient d'éviter cette honte et ce malheur au pays. Il y avait là pour elle quelque chose de plus impérieux que de se tenir renfermée dans des attributions qui restaient manifestement au-dessous des circonstances terribles et imprévues auxquelles la France se trouvait livrée. Le parti suprême et inévitable était d'arrêter des mesures exceptionnelles consenties d'un commun accord par l'impératrice et les pouvoirs constitutionnels. Là était la seule ressource en face des menaces du dedans et des dangers du dehors. Il n'y avait plus un moment à perdre pour y recourir.

Chacun dit le mot qui pouvait donner quelque force aux sollicitations communes ; enfin l'impératrice, vaincue plus encore peut-être que persuadée, les yeux rougis par les larmes, se levant dans toute la majesté de sa douleur et de sa résignation, nous dit : « Eh bien, Messieurs, je me rends : je consens à donner mon adhésion à la proposition que vous m'avez apportée, mais à une condition absolue, c'est que cette adhésion soit partagée par les ministres. Je le déclare ici de nouveau : à aucun prix, je ne veux me séparer d'eux. »

En remerciant l'impératrice et en lui donnant l'assurance que ses intentions seraient fidèlement remplies, nous quittâmes, l'âme navrée, celle qui était encore notre souveraine. Tous nous rendions un hommage mérité à l'attitude digne et ferme de cette femme que venaient visiter de si cruels revers et qui, au temps de la prospérité, éprise d'une vive et sympathique admiration pour la reine Marie-Antoinette, avait mis un soin pieux à étudier sa vie, ses malheurs, son héroïsme, comme si, par un secret pressentiment, elle devait y chercher des exemples pour elle-même. Elle aussi, c'était la souveraine parée de toutes les grâces de la beauté, qui avait brillé, entourée d'hommages, au milieu des fêtes d'une cour luxueuse ; elle à qui n'avait pas manqué la noble popularité des bienfaits répandus d'une main libérale et dont le courage avait apparu plus d'une fois avec grandeur et simplicité ; elle qui avait tenu, à diverses reprises, d'une manière intelligente, les rênes du gouvernement : c'était elle qui, à son tour, des sommets les plus élevés se trouvait précipitée dans un abîme sans fond. Et c'est elle aussi que bientôt la calomnie allait atteindre dans son honneur sans tache de femme et d'épouse.

Ah ! sans doute, ces épreuves, si poignantes qu'elles soient, sont bien loin encore de ce long et héroïque martyre où aucune douleur, aucune humiliation, aucun outrage, aucun supplice n'ont été épargnés à la descendante des Césars, à la fille de Marie-Thérèse, qui, méconnue dans sa dignité de reine, meurtrie dans chacun des sentiments de son noble cœur, n'a conservé de toutes les grandeurs de sa race et de son rang que la sublime et terrible grandeur de suivre, de la prison à l'échafaud, le roi son époux et de partager avec lui l'auréole de la sainteté. Oui, il y a entre ces drames, qui se tiennent cependant par des liens mystérieux, une distance incommensurable ; il y a entre eux, par leur nature, leurs causes, les personnages qui y figurent, par ce que l'un a d'immérité, par ce que l'autre laisse de place à la manifestation d'une justice supérieure, des différences qui les placent en quelque sorte, dans le monde moral, à l'antipode l'un de l'autre. Mais le cœur humain a toujours un sentiment de pitié pour ces grandes chutes qui signalent la fragilité de nos grandeurs. S'il y trouve quelquefois la part du châtiment, il y trouve aussi la part du malheur, et il faut plaindre ceux qui ne l'y trouvent pas. Cette part du malheur était là devant nous et elle se montrait dans des conditions de noblesse qui en relevaient l'éclat.

Arrivés aux Tuileries un peu avant une heure, nous n'en étions sortis que vers une heure et demie. Nous rentrâmes au Corps législatif par la même voie que nous avions suivie à l'aller, sans qu'aucun incident se produisît. Les lieux présentaient le même aspect de tranquillité et de calme. Sauf la présence des troupes, rien n'annonçait encore, de ce côté, une situation anormale.

A notre retour au Corps législatif, les députés étaient réunis dans leurs bureaux respectifs. Je me rendis à la hâte dans le mien : M. Thiers en faisait partie. Au moment même où j'entrai, il avait la parole pour soutenir la proposition dont il était l'auteur et en faire valoir l'impérieuse opportunité. Déjà, une première fois, sa discussion avait été troublée par le mouvement qui s'était produit dans la cour du palais, où les troupes avaient pris les armes et s'étaient mises en mesure de réprimer des tentatives faites pour ouvrir la grande porte du côté de la place et derrière laquelle s'étaient formés des groupes nombreux et animés. C'était évidemment de ce côté que le danger était le plus menaçant et que l'émeute avait pour mot d'ordre de diriger ses plus puissants efforts. Plus tard, après l'invasion accomplie, on citait un député de la gauche qui s'était tenu dans un bureau dont il n'était pas membre, mais d'où il lui était facile de suivre tout le mouvement de la cour. Il était là visiblement agité et semblant épier quelque incident prévu.

L'incident ne tarda pas à se produire. Tout à coup la porte, entr'ouverte sur l'invitation, a-t-on dit, d'un autre député de la gauche sous prétexte de faire entrer quelques amis, est forcée par une foule nombreuse, malgré la présence des troupes. Elle se répand immédiatement, avec la rapidité du torrent, dans la cour et dans tous les couloirs de l'assemblée. Les tribunes du Corps législatif sont envahies par une populace qui se fait livrer de force les places occupées et qui devient la représentation du Peuple souverain. Au même moment les bureaux où les députés étaient encore réunis sont ouverts violemment et laissent apparaître des énergumènes l'œil en feu, l'injure et la menace à la bouche, interpellant les présidents et les membres et leur jetant, comme une injonction de les répéter, les cris : Vive la République ! La déchéance !.. C'est une scène de cette nature qui se produisit dans le bureau dont je faisais partie, et qui, une seconde fois, coupa la parole à M. Thiers. Le président du bureau protesta avec calme et dignité contre ces désordres, invoquant les devoirs que les députés avaient à remplir et l'indépendance qui leur appartenait. Mais c'était là une excitation nouvelle pour ces forcenés, qui ne répondaient que par un redoublement de clameurs et d'outrages. Le bureau, resté impassible devant ces manifestations hideuses, fut bientôt délivré de la présence des perturbateurs appelés sur un autre point. Il acheva ses opérations, se prononça en faveur de la proposition de M. Thiers et nomma pour rapporteur M. Dupuy de Lôme.

Je me rendis immédiatement, mais non sans quelque difficulté à cause des masses compactes qu'il fallait traverser, à la salle des séances. Au moment où je pus entrer, M. Schneider et une partie des secrétaires se trouvaient à leur place. Un petit nombre de députés, de ceux dont le travail préparatoire était terminé, se trouvaient sur les bancs. M. Gambetta était à la tribune, s'adressant à cette fourmilière d'hommes, de femmes et de jeunes gens qui avaient envahi les places réservées au public. Il l'adjurait, au milieu de l'agitation et du bruit, de conserver le calme et le silence, afin de permettre aux représentants du pays de prendre les mesures qu'appelaient les circonstancee et les justes revendications du peuple. Ces objurgations de l'orateur populaire n'avaient que peu d'effet sur cette tempête d'hommes et de passions que ne pouvait prétendre à calmer, après la voix de M. Gambetta, celle du président de la chambre. Au moment où M. Gambetta, remonté à la tribune, adressait un nouvel appel à la multitude qui semblait grossir à chaque moment, les nouveaux venus se hissant sur les premiers occupants, un mouvement tumultueux se manifesta dans l'hémicycle réservé aux députés. Par la porte du fond en face du bureau, se précipite une foule nouvelle : un certain nombre d'individus se portent vers les bureaux du président et des secrétaires. M. Schneider a à peine le temps de se couvrir, de déclarer la séance levée, de descendre l'escalier et de quitter la salle. Elle est bientôt envahie tout entière par des gardes nationaux, les uns en uniforme, les autres en costume bourgeois, pénétrant l'arme au bras par toutes les issues, et particulièrement par la porte du fond, aux cris de : Vive la République ! La déchéance! la déchéance! Telle fut l'inauguration de cette garde nationale populaire dont la gauche avait réclamé l'organisation avec tant d'instance, et qui, au lieu de l'ennemi, se tournait contre la représentation nationale dont la violation était son premier triomphe. Incident significatif qui déterminait, dès le début, le caractère de cette révolution ignoble. C'est ainsi que, dans le cours entier de sa durée néfaste, elle n'a été que le sacrifice systématique des intérêts du pays à l'intérêt d'une prétendue république couvrant de son nom le monopole du pouvoir entre les mains de quelques hommes.

M. Schneider, sorti de la salle des séances et accompagné des membres du bureau, courut des dangers sérieux dans le trajet qu'il eut à faire pour rentrer à l'hôtel de la Présidence. Il était sorti par la porte de gauche; j'étais sorti en même temps que lui par la porte de droite. Je me trouvai ainsi séparé de lui, à une certaine distance, par des groupes d'envahisseurs qui se pressaient de son côté, formant autour de lui un cercle d'insulteurs de plus en plus animés à lui jeter des invectives et des menaces de mort. Il n'échappa à des sévices de plus en plus imminents que par la protection courageuse de quelques députés, MM. Boduin, Magnin, Chesnelong, qui eurent à soutenir contre ses agresseurs une lutte énergique, l'accompagnant ainsi, à travers les apostrophes insultantes et les cris homicides, jusqu'à la porte de l'hôtel de la Présidence, où ils eurent peine à le faire entrer sain et sauf.

Resté dans la salle des Pas-Perdus, où se trouvait un grand nombre de députés confondus avec la foule qui stationnait, j'attendais les événements, lorsque je vis M. Jules Favre, la tête découverte, la figure animée, se frayant avec impétuosité un passage à travers les masses, en s'écriant : A l'hôtel de ville! à l'hôtel de ville !

C'était le second acte du drame qui s'ouvrait. Une fiction de bureau et d'assemblée populaire avait proclamé la déchéance. Le moment de former un gouvernement était venu. L'hôtel de ville a, pour ce genre d'improvisation, des traditions révolutionnaires dont il fallait respecter l'autorité.

Cet appel, fait par le député de l'opposition, détermina immédiatement un courant que suivit une grande partie de la foule et qui laissa bientôt la place à peu près évacuée. Je profitai de la plus libre circulation pour rentrer dans la salle des séances. Les bancs réservés aux députés étaient à peu près vidés en totalité. Mais les tribunes publiques étaient toujours occupées par les mêmes assistants, attendant que de nouvelles scènes vinssent repaître leur curiosité malsaine.

Je n'y restai qu'un moment et je vins retrouver mes collègues, qui, ayant pu se remettre en communication, se donnèrent mutuellement l'avis que, vu l'impossibilité de tenir séance dans la salle ordinaire, on allait se réunir dans la grande salle à manger de la Présidence. En peu de temps les députés y furent rendus en très-grand nombre. Ils s'y trouvaient plus de deux cents.

M. Schneider, retenu chez lui malade et alité à la suite des scènes violentes dont il avait eu à souffrir, fut remplacé comme président, par M. Alfred Leroux, l'un des vice-présidents du Corps législatif.

Le bureau était représenté avec lui par MM. Martel et Josseau, à titre de secrétaires. Ils furent priés de tenir procès-verbal de la séance, à laquelle n'assistait malheureusement aucun des sténographes de la Chambre.

Le compte rendu officiel faisant par suite défaut, je me bornerai à présenter la physionomie générale de cette séance, me référant pour les détails à la rédaction faite avec beaucoup de soin et une scrupuleuse fidélité, par notre collègue M. Ernest Dréolle (1).

La parole fut d'abord demandée par M. Garnier-Pagès.

L'orateur, fidèle à son éloquence verbeuse, se répandit en longs développements sur les causes et les origines de la situation. Les fautes anciennes et récentes de l'empire furent signalées au point de vue du rôle qu'avait joué l'opposition. L'orateur en faisait le panégyrique, en même temps qu'il élevait contre le gouvernement tombé un réquisitoire véhément. A son dire, la gauche avait tout prévu, tout annoncé : elle avait prodigué ses conseils et ses efforts pour prévenir les catastrophes. Mais le gouvernement et la majorité de la Chambre avaient tout méconnu et l'heure des catastrophes était arrivée.

Après cet exorde, l'orateur, relevant par un hommage affecté les ardeurs patriotiques de la population parisienne, y trouvait l'excuse de ses entraînements, et aussi de ses irritations contre un gouvernement qui l'avait trompée et qui s'était montré incapable et indigne de rester à la tête du pays.

Puis, invoquant la fatalité des circonstances, faisant appel à

---

(1) Voir Documents et notes.

l'union devenue plus que jamais nécessaire en face des malheurs
et des dangers de la patrie menacée par l'ennemi, enveloppant
l'embarras de sa pensée dominante dans l'abondance des cir-
conlocutions et des précautions oratoires, pressé enfin par l'im-
patience de ses collègues qui réclamaient une conclusion nette
et précise, M. Garnier-Pagès adressait à ses collègues l'invitation
chaleureuse de réunir leurs efforts à ceux d'entre eux qui s'é-
taient rendus à l'hôtel de ville, et, au nom des nécessités publiques, de se rallier au mouvement populaire et au gouvernement qu'il allait fonder.

Ces dernières paroles soulevèrent dans l'assemblée la plus
vive agitation. Des réclamations nombreuses et animées s'éle-
vèrent. Plusieurs députés demandèrent à être entendus. M. Buffet
était du nombre. Chacun s'inclina devant l'autorité de son
caractère ; le président lui donna la parole.

M. Buffet, déjà levé et vivement ému, fit entendre contre la
proposition de M. Garnier-Pagès la plus énergique protestation.
Rappelant l'esprit d'indépendance qu'il avait toujours montré
comme député, il flétrit de son indignation les attentats par lesquels la liberté de la représentation nationale avait été violée.
Les applaudissements prolongés de l'assemblée accueillirent ses
nobles paroles, lorsque, déclarant qu'il s'inscrivait avec fierté
contre les événements accomplis et contre les prétendues nécessités qu'ils imposaient, il dit, en terminant, que, dût-il engager
sa vie et sa liberté, il ne consentirait jamais, au nom même de la
liberté et pour l'honneur de son pays, à reconnaître le gouvernement qui s'était élevé sur les ruines de la liberté et du droit. Il
repoussait la proposition de M. Pagès.

L'émotion produite par ce discours fut longue à se calmer.
La séance fut, pendant quelque temps, suspendue. Chacun voulait féliciter l'honorable orateur. Des conversations s'étaient
élevées de divers côtés ; on s'interrogeait sur le parti à prendre ;
on se communiquait divers incidents qui faisaient une nécessité
de le prendre vite, avant qu'une nouvelle invasion populaire,
déjà imminente, ne vînt interrompre la délibération.

C'est à la suite de ces pourparlers que M. Dréolle demanda la
parole pour préciser la situation. S'abritant sous les loyales et
énergiques paroles de M. Buffet, M. Dréolle insista sur cette idée
que rien n'était fait encore ; qu'aucun gouvernement n'était
établi ; que ceux de nos collègues qui s'étaient rendus à l'hôtel

de ville restaient jusqu'ici députés, et qu'il y avait une démarche à tenter près d'eux dans l'intérêt d'une entente qh'ils pouvaient désirer eux-mêmes : qu'il proposait, en conséquence, qu'un certain nombre de membres de la majorité se rendît près d'eux, et qu'après les avoir entendus, on vînt rendre compte de la situation.

Cette proposition, accueillie par les uns, repoussée comme compromettante par les autres, trouva comme approbateurs M. Thiers et M. Garnier-Pagès. Ce dernier s'offrit à conduire les députés qui seraient désignés.

Cependant, dans le cours des interruptions, on avait demandé la lecture du rapport de M. Martel sur la proposition de M. Thiers.

Le président fit prévaloir cet ordre de délibération, en faisant observer qu'il n'excluait en aucune façon l'adoption de la motion faite par M. Dréolle.

L'ordre de la discussion ainsi fixé, le président donna la parole à M. Martel, qui lut le court rapport qui suit et qu'il nous paraît utile de reproduire, parce qu'il caractérise la situation :

« Messieurs, votre commission a examiné les trois propositions « qui vous ont été soumises. Après délibération, ces trois propo- « sitions ont été successivement mises aux voix et c'est celle de « M. Thiers qui a obtenu le plus grand nombre de suffrages.

« Toutefois votre commission a ajouté à cette proposition deux « paragraphes : l'un de ces paragraphes fixe le nombre des « membres qui devront composer la commission de gouverne- « ment et de défense nationale, l'autre déclare que cette com- « mission nommera des ministres. En conséquence voici le texte « qui vous est proposé :

« Vu la vacance du pouvoir, la Chambre nomme une commis - « sion de gouvernement et de défense nationale. Cette commis- « sion est composée de cinq membres choisis par le Corps légis- « latif. Elle nommera les ministres.

« Dès que les circonstances le permettront, la nation sera « appelée, par une assemblée constituante, à se prononcer sur « la forme de son gouvernement. »

Ces conclusions, mises aux voix après constatation que le rapport avait été adopté à l'unanimité de la commission (1), soule-

---

(1) Elle se composait de MM. Daru, Buffet, Gaudin, Marcel, Lebon, Jules Simon, Dupuy de Lôme et Josseau. Le troisième bureau n'avait pu désigner son rapporteur, mais il s'était prononcé également dans le sens de la proposition de M. Thiers.

vèrent des réclamations de la part de quelques députés connus par leur dévouement à l'empire. Ils firent ressortir le changement apporté aux termes du considérant dont la première rédaction était celle-ci : « Vu les circonstances, » alors que la rédaction adoptée par la commission était : « Vu la vacance du pouvoir. »

Cette différence amena une discussion vive et animée. Plusieurs députés notifièrent leur refus d'adhérer à la rédaction modifiée, qui leur paraissait impliquer une déclaration de déchéance. Après quelques mots de M. Thiers, qui fit remarquer que, bien que la dernière rédaction fût celle qu'il avait proposée d'abord, cette rédaction n'était plus en réalité la sienne, puisqu'elle émanait de la commission s'inspirant des nécessités de la situation, la parole fut donnée à M. Dréolle qui l'avait réclamée. Ce député, dont les opinions impérialistes ne pouvaient être mises en suspicion, en tira argument pour rallier le vote de l'Assemblée à la proposition qu'il aurait, disait-il, combattue précédemment, mais qui, au moment où l'on se trouvait, n'était malheureusement que la traduction fidèle d'un fait indiscutable, puisque l'empereur, le prince impérial et l'impératrice elle-même, forcée de quitter les Tuileries envahies par le peuple, faisaient défaut au pouvoir. Il demandait, en conséquence, que pour ménager un temps précieux et sans se laisser arrêter par des appréciations inopportunes qui n'enlevaient rien aux réserves de l'avenir, la proposition telle qu'elle était sortie des délibérations de la commission fût votée sans retard.

Ces paroles fermèrent la discussion, et la proposition, mise aux voix, fut adoptée à la presque unanimité. Cinq ou six députés seulement persistèrent à s'abstenir.

Ce vote acquis, le moment était venu de désigner les membres qui auraient à se mettre en rapport avec l'hôtel de ville. M. Garnier-Pagès s'offrit de nouveau à les conduire. Il fut admis comme l'un des membres de la commission. D'autres noms furent proposés, celui de M. Grévy en première ligne, puis ceux de MM. Martel, Dréolle, Barthélemy-Saint-Hilaire. Ces divers noms furent accueillis par une adhésion générale.

Le président ayant posé la question de savoir si les députés désignés acceptaient la mission qu'ils avaient à remplir, M. Grévy demanda la parole.

L'honorable député s'était fait remarquer à la Chambre par

son éloquence sobre, nette, empreinte d'un caractère de franchise et d'austérité. Il se fit un grand silence.

M. Grévy, après avoir rappelé ses antécédents politiques et la fidélité connue de ses opinions, exprima avec une grande fermeté de langage le blâme qu'appelaient de sa part les actes de désordre qui venaient de s'accomplir et qui ne s'étaient pas arrêtés devant la violation de l'assemblée nationale. C'était là, disait-il, un mauvais début pour l'établissement d'un gouvernement libre, et, pour son compte, il déclinait, au nom même de ses convictions politiques, toute solidarité avec de si coupables agissements. Aussi s'était-il promis de ne pas paraître à l'hôtel de ville et éprouvait-il une véritable gêne du choix dont il était l'objet.

Et comme, à ce moment, des invitations pressantes d'accepter lui étaient faites des divers côtés de l'assemblée, il y consentit, dans l'espérance que cette démarche de la commission dont il était appelé à faire partie pourrait aboutir à un résultat de conciliation. Les dispositions de ses collègues de l'hôtel de ville lui étaient connues, ajoutait-il : en toute circonstance, en face des éventualités de l'avenir, ils ont toujours manifesté la conviction que rien ne pouvait se faire sans le concours de la Chambre.

Puis, s'arrêtant au côté pratique de la démarche à faire, il indiqua que le choix des membres de la commission avait sa grande importance, et que sous ce rapport il craignait qu'un nom, celui de l'honorable M. Dréolle, malgré le choix si légitime dont il avait été l'objet, ne présentât quelque inconvénient à cause de la nuance prononcée qui lui appartenait.

M. Dréolle s'empressa d'accepter cette récusation dont il s'honorait, puisqu'elle constatait la distance qui le séparait de la révolution.

Après cet incident, on termina la désignation des membres appelés à faire partie de la commission. Elle se trouva définitivement composée de MM. Garnier-Pagès, Lefèvre-Pontalis, Martel, Grévy, de Guiraud, Jonhston, Cochery et Barthélemy-Saint-Hilaire.

Après avis du président qu'une nouvelle réunion aurait lieu le soir à huit heures pour entendre les membres de la commission sur le résultat de leur démarche, la séance fut levée.

On peut voir par le compte rendu de cette séance combien la Chambre avait facilité les voies à une entente qu'appelaient en même temps les nécessités de la situation, le salut commun, l'intérêt public et l'honneur du pays. Toutes ces exigences supérieures trouvaient leur large satisfaction dans la formation d'un gouvernement provisoire, libre de lui-même vis-à-vis d'un pouvoir disparu dans la tempête, et puisant sa force et son autorité dans l'existence constitutionnelle et le caractère souverainement électif du Corps législatif. Que n'eût pu, comme remède au mal du présent, comme instrument pour les réparations de l'avenir, un gouvernement placé dans de semblables conditions? Dégagé de toute solidarité avec l'homme fatal à qui la guerre était imputée comme le secret de son ambition, s'élevant en même temps comme une protestation nationale contre l'esprit révolutionnaire et comme une affirmation de l'ordre légal, ce gouvernement répondait, en les réfutant, aux deux arguments dont s'armaient contre nous les défiances de l'Europe entière et dont la Prusse couvrait ses convoitises personnelles. La France ambitieuse et révolutionnaire, tel était le génie malfaisant qui effrayait les peuples et les monarques; c'était le mal social que l'hypocrisie de Guillaume et de Bismarck s'était attribué la mission sainte de combattre et de vaincre. Laisser le grief de l'ambition à la charge de celui à qui il appartenait comme sa faute personnelle ou comme la faute héréditaire de sa race, de son nom, de ses entraînements césariens; témoigner hautement de  alvolonté de la France à répudier les traditions révolutionnaires et maintenir sur le terrain légal l'ordre dans le gouvernement et dans le pays, c'eût été certainement un spectacle qui, au milieu de nos désastres, eût appelé sur nous l'admiration et les sympathies universelles. Nous y aurions trouvé la force morale qui a fait défaut auprès de nos populations, qu'elle aurait remplies de confiance et rendues ainsi plus puissantes à combattre, si, comme nous le pensons, l'honneur nous commandait de continuer le combat; elle nous eût été en outre une force près de l'ennemi lui-même, lorsque l'heure légitime et nécessaire des négociations serait venue. Mais il fallait à certains hommes le pouvoir à outrance, et, comme conditions de ce pouvoir, la république à outrance et la guerre à outrance. C'étaient là des termes funestes qui s'engendraient l'un l'autre; et c'est ainsi qu'ils ont fait de leur pouvoir, de leur république et de leur guerre les auxiliaires les plus utiles de nos ennemis, multipliant nos revers, multipliant nos ruines et aliénant à nos malheurs les bonnes volontés paralysées par les désordres dont nous avons eu à subir le fléau détesté.

Ce que ce gouvernement provisoire, mais aussi régulier que le comportaient les circonstances, aurait fait pour la reconstitution définitive du pouvoir, en appelant la nation à se prononcer, par une Assemblée constituante, sur la forme du gouvernement, c'est là un ordre de faits qu'il est difficile de pénétrer. Tout au moins est-il permis de penser que, sous l'influence de la force restée à la loi et du respect conservé à son autorité, la France eût échappé aux horreurs de cette Commune hideuse et sanglante, sortie toute armée, comme par une filiation naturelle, de la création révolutionnaire du 4 septembre. Celle-ci a été le principe; la Commune a été la conséquence.

Mais la Providence a des lois mystérieuses qui laissent, à de certaines heures, les nations appeler sur elles des fléaux sans limite, comme le châtiment qu'elles ont mérité et aussi comme l'enseignement qui leur est nécessaire. C'est devant ce châtiment et cet enseignement que la France a été placée. Qu'en sortira-t-il ?

Question redoutable que les passions humaines laissent chargée de complications et de doutes, et à laquelle nos malheurs récents n'ont pas suffi à enlever la chance de nouveaux cataclysmes !

Laissant à l'avenir le secret suprême qu'il renferme dans son sein, le secret de notre réhabilitation ou de notre irrémédiable décadence, nous nous bornerons à compléter l'historique que nous avons entrepris en rendant compte de la séance tenue le soir du 4 septembre, à huit heures, ainsi qu'elle avait été annoncée.

A cet effet, le mieux nous paraît être de reproduire *in extenso* le procès-verbal rédigé par les soins de MM. Martel, Peyrusse et Josseau, secrétaires.

---

Séance du soir à l'hôtel de la Présidence du Corps législatif.

4 septembre 1870, huit heures du soir.

En l'absence du président et des vice-présidents, M. Thiers est prié de présider la réunion.

Il s'assied, ayant à ses côtés les secrétaires du Corps législatif : MM. Martel, Peyrusse, Josseau.

M. Thiers. — Messieurs, j'ai une présidence d'un moment. On m'annonce l'arrivée de MM. Jules Favre et Jules Simon, qui viennent nous apporter la réponse aux paroles de conciliation qui leur ont été portées par vos délégués.

MM. Jules Favre et Jules Simon sont introduits. Ils prennent place vis-à-vis de M. Thiers.

M. Jules FAVRE. — Nous venons vous remercier de la démarche que vos délégués ont faite auprès de nous. Nous en avons été vivement touchés. Nous avons compris qu'elle était inspirée par un sentiment patriotique. Si dans l'Assemblée nous différons sur la politique, nous sommes certainement tous d'accord lorsqu'il s'agit de la défense du sol et de la liberté menacée.

En ce moment, il y a des faits accomplis : un gouvernement issu de circonstances que nous n'avons pas pu prévenir, gouvernement dont nous sommes devenus les serviteurs. Nous y avons été enchaînés par un mouvement supérieur qui a, je l'avoue, répondu au sentiment intime de notre âme. Je n'ai pas aujourd'hui à m'expliquer sur les fautes de l'Empire. Notre devoir est de défendre Paris et la France.

Lorsqu'il s'agit d'un but aussi cher à atteindre, il n'est certes pas indifférent de se rencontrer dans les mêmes sentiments avec le Corps législatif. Du reste, nous ne pouvons rien changer à ce qui vient d'être fait. Si vous voulez bien y donner votre ratification, nous vous en serons reconnaissants. Si, au contraire, vous la refusez, nous respecterons les décisions de votre conscience, mais nous garderons la liberté entière de la nôtre.

Voilà ce que je suis chargé de vous dire par le gouvernement provisoire de la république, dont la présidence a été offerte au général Trochu, qui l'a acceptée.

Vous connaissez sans doute les autres noms. Notre illustre collègue qui vous préside n'en fait pas partie, parce qu'il n'a pas cru pouvoir accepter cette offre. Quant à nous, hommes d'ordre et de liberté, nous avons cru, en acceptant, accomplir une mission patriotique.

M. THIERS. — Le passé ne peut être équitablement apprécié par chacun de nous à l'heure qu'il est. C'est l'histoire seule qui pourra le faire.

Quant au présent, je ne peux vous en parler que pour moi. Mes collègues ici présents ne m'ont pas donné la mission de vous dire s'ils accordent ou s'ils refusent leur ratification aux événements de la journée.

Vous vous êtes chargés d'une immense responsabilité.

Notre devoir à tous est de faire des vœux ardents pour que vos efforts réussissent dans la défense de Paris, des vœux ardents pour que nous n'ayons pas longtemps sous les yeux le spectacle navrant de la présence de l'ennemi.

Ces vœux, nous les faisons tous par amour pour notre pays, parce que votre succès serait celui de notre patrie.

*Une voix.* — Quels sont les noms des personnes qui composent le nouveau gouvernement ?

M. Jules SIMON. — Les membres choisis l'ont été pour composer une commission chargée de la défense de la capitale, c'est vous dire que ce sont tous les députés de Paris, excepté le plus illustre d'entre eux, parce qu'il n'a pas accepté les offres qui lui ont été faites; mais il vient de vous dire la grandeur de la responsabilité dont nous nous sommes chargés, et il fait des vœux pour notre succès.

Dans ce choix, il n'y a pas eu de préoccupations individuelles : il y a eu l'application d'un principe. S'il en était autrement, on verrait figurer dans cette commission les noms d'autres personnes que ceux des députés de Paris. Nous n'avons qu'une pensée, c'est celle de faire face à l'ennemi.

M. Peyrusse. — Paris fait encore une fois la loi à la France!

M. Jules Favre et M. Jules Simon (ensemble). — Nous protestons contre cette assertion.

M. Jules Favre. — Le gouvernement provisoire se compose donc de MM. Arago, Crémieux, Jules Favre, Ferry, Gambetta, Garnier-Pagès, Glais-Bizoin, Pelletan, Rochefort. Ce dernier ne sera pas le moins sage : en tout cas, nous avons préféré l'avoir dedans que dehors, Je remercie M. le président de ce qu'il a bien voulu nous dire, en exprimant des vœux devant vous pour le succès de notre entreprise. Ces paroles patriotiques nous relient à vos départements, dont le concours nous est nécessaire pour l'œuvre de la défense nationale.

M. le comte Le Hon. — Quelle est la situation du Corps législatif vis-à-vis du gouvernement provisoire ?

M. Jules Favre. — Nous n'en avons pas délibéré.

M. Thiers. — Messieurs, nous n'avons plus que quelques instants à passer ensemble. Mon motif pour ne pas adresser de question à MM. Jules Favre et Simon a été que, si je le faisais, c'était reconnaître le gouvernement qui vient de naître des circonstances. Avant de le reconnaître, il faudrait résoudre des questions de fait et de principes qu'il ne nous convient pas de traiter actuellement. Le combattre aujourd'hui serait une œuvre antipatriotique. Ces hommes doivent avoir le concours de tous les citoyens contre l'ennemi.

Nous faisons des vœux pour eux, et nous ne pouvons actuellement les entraver par une lutte intestine. Dieu veuille les assister! Ne nous jugeons pas les uns les autres. Le présent est rempli de trop amères douleurs.

M. Roulleaux-Dugage. — Quel rôle devons-nous jouer dans nos départements?

M. Thiers. — Dans nos départements, nous devons vivre en bons citoyens, dévoués à la patrie. Aussi longtemps qu'on ne nous demandera rien de contraire à notre conscience et aux vrais principes sociaux, notre conduite sera facile. Nous ne nous dissolvons pas; mais, en présence de la grandeur de nos malheurs, nous rentrons dignement chez nous, car il ne nous convient ni de reconnaître ni de combattre ceux qui vont lutter ici contre l'ennemi.

*Une voix*. — Mais comment saura-t-on ce qui s'est dit ici?

M. Thiers. — Veuillez vous en rapporter à moi, vous qui m'avez fait l'honneur de me donner une présidence de quelques minutes dans ces douloureuses circonstances. Je m'entendrai avec M. Martel et vos secrétaires pour la rédaction d'un procès-verbal.

M. Buffet. — Ne devons-nous pas rédiger une protestation?

M. Thiers. — De grâce, n'entrons pas dans cette voie. Nous sommes devant l'ennemi, et, pour cela, nous faisons tous un sacrifice aux dangers que court la France : ils sont immenses. Il faut nous taire, faire des vœux et laisser à l'histoire le soin de juger.

M. Pinard (du Nord). — Nous ne pouvons pas garder le silence devant la violence faite à la Chambre; il faut la constater !

M. Thiers. — Ne sentez-vous pas que, si vous opposez ce souvenir comme une protestation, il rappellera aussitôt celui de la violation d'une autre assemblée? Tous les faits de la journée ont-ils besoin d'une constatation ?

M. le comte Daru. — Les scellés ont été mis sur la porte de la Chambre.

M. Thiers. — Y a-t-il quelque chose de plus grave que les scellés sur les personnes? N'ai-je pas été à Mazas? Vous ne m'entendez pas m'en plaindre.

M. GRÉVY. — Le gouvernement provisoire, auprès duquel vous m'aviez fait l'honneur de me déléguer avec la mission de lui parler comme à des collègues, n'avait pu nous donner sa réponse définitive. Il nous avait promis de délibérer pour nous la transmettre, en nous indiquant neuf heures du soir. Je ne comptais pas que cette heure aurait été devancée; c'est pourquoi je ne suis pas venu ici plus tôt.

Nous sommes arrivés trop tard à l'hôtel de ville. Il y avait déjà un gouvernement provisoire qui s'y était installé. Nous y avons lu l'épreuve, qu'on nous a montrée, d'une proclamation, qui nous a convaincus que notre mission était devenue sans objet.

M. Alfred LE ROUX. — Je n'ai pu aussi venir ici plus tôt, parce que, ayant été chargé par vous de voir M. le général Trochu, j'ai dû me rendre auprès de lui. Je m'y suis rendu avec M. Estancelin. Là aussi nous avons reconnu qu'il était trop tard. Mon devoir est maintenant de vous dire que j'ai été en cette circonstance, autant qu'il était en moi, votre fidèle interprète.

M. le duc DE MARMIER. — Vous me permettrez à moi, dont le père a longtemps commandé la garde nationale de Paris, de vous exprimer une pensée consolante, c'est celle que nos envahisseurs n'appartenaient pas à cette garde nationale, mais à celle de la banlieue.

M. BUQUET. — Je proteste contre les actes qui viennent de s'accomplir, particulièrement contre toute idée de séparation. Je suis d'accord complétement avec les protestations que M. Buffet a fait entendre tout à l'heure dans notre séance de quatre heures contre la violence dont la représentation nationale a été l'objet. (*Mouvement et agitation.*)

MM. BUQUET, PINARD, DE SAINT-GERMAIN et quelques autres déclarent qu'ils protestent.

M. THIERS. — De grâce, ne rentrons pas dans la voie des récriminations! Cela nous mènerait trop loin, et vous devriez bien ne pas oublier que vous parlez devant un prisonnier de Mazas. (*Mouvement.*)

J'espérais que nous nous séparerions profondément affligés, mais unis. Je vous en supplie, ne nous laissons pas aller à des paroles irritantes! Suivez mon exemple. Je réprouve l'acte qui s'est accompli aujourd'hui; je ne peux approuver aucune violence, mais je songe que nous sommes en présence de l'ennemi, qui est près de Paris.

M. GIRAULT. — Je partage l'opinion de M. Buffet, quand il a protesté dans la séance de quatre heures. Nous ne devons pas faire de politique ni nous diviser. Amenons le gouvernement à s'entendre avec la Chambre. De cette façon nous serons d'accord avec les départements. Soutenons-nous et soutenons la France. Je vais aller à l'hôtel de ville. Si on ne veut pas m'écouter, je protesterai.

M. THIERS. — Voulez-vous renouveler toutes les discussions des dernières années? Je ne crois pas que ce soit convenable.

Je proteste contre la violence que nous avons subie aujourd'hui, et contre toutes les violences de tous les temps dirigées contre nos assemblées; mais ce n'est pas le moment de donner cours aux ressentiments. Est-il possible de nous mettre en hostilité avec le gouvernement provisoire en ce moment suprême?

En présence de l'ennemi qui sera bientôt sous Paris, je crois qu'une chose reste à faire : nous retirer avec dignité. (L'émotion de M. Thiers se communique à toute l'assemblée.)

La séance est levée à dix heures.

*Les secrétaires du Corps législatif,*
MARTEL, PEYRUSSE.

3

Nonobstant les paroles que M. Thiers venait de prononcer comme protestation coutre les actes dont le Corps législatif avait subi la violence, l'assemblée ne pensa pas que cette manifestation de ses sentiments fût suffisante, surtout après les communications si graves qu'avaient fait entendre MM. Jules Favre et Jules Simon. C'étaient bien, en effet, selon l'expression de M. Thiers, des ressentiments et même des ressentiments profonds qu'elles avaient laissés dans les esprits.

Imposer à la France un gouvernement dont M. Rochefort faisait partie et inviter les représentants du pays à donner leur appui et leur concours à ce gouvernement sorti de quelques ambitions avides soutenues par les cris de la populace parisienne, c'était une insulte à leur dignité et à leurs droits que les députés présents ressentirent vivement, alors que tout avait été fait pour aboutir à une entente salutaire. Ces sentiments se produisirent avec véhémence après le départ de M. Thiers, qui s'était retiré avec une certaine hâte aussitôt la séance levée, et que l'on avait trouvé, il faut le dire, un peu empressé à recommander l'esprit de conciliation. Certes les dangers de la patrie commandaient de grands sacrifices, et chacun était disposé à les accomplir; mais il était dur de courber la tête sous le joug d'hommes qui représentaient bien moins encore l'opposition à l'empire que le triomphe de l'esprit révolutionnaire. C'est une distinction que M. Thiers n'avait pas assez faite et qu'il n'était pas dans sa nature de faire.

C'est pour répondre à cet état des esprits et pour rester fidèles à la noble déclaration qu'avait fait entendre dans la première séance l'honorable M. Buffet, qu'on décida de faire une protestation motivée dont la rédaction fut confiée aux soins des secrétaires et qui, séance tenante, fut signée en blanc par un grand nombre des députés présents.

Ils se séparèrent ensuite vers dix heures.

Cette réunion ne fut cependant pas la dernière.

On s'était promis de se retrouver le lendemain chez M. Johnston, qui s'était offert à recevoir ses collègues, afin de compléter l'acte de protestation dont le principe avait été posé.

Le 5 septembre, vers trois heures, environ cent cinquante membres du Corps législatif se trouvèrent réunis avenue de l'Alma, dans une des salles de l'hôtel Johnston.

Cette séance, dont M. Ernest Dréolle a fait également le récit, fut en effet consacrée à affirmer la nécessité d'une protestation et à en préciser la forme. La nécessité était d'autant plus impérieuse qu'il ne fallait pas laisser égarer l'opinion sur l'attitude qu'avait prise le Corps législatif. Le bruit s'était en effet répandu dans Paris, que la Chambre avait, en séance, proclamé la déchéauce de l'empire et l'avénement de la république, bruit qu'avait contribué à accréditer la proclamation dans laquelle M. de Kératry, devenu préfet de police, annonçait que les députés de la gauche, *après la disparition de leurs collègues de la majorité*, avaient proclamé la déchéance. Rien n'était vrai dans cette assertion. Les députés de la majorité étaient restés à leur poste : ils étaient tous réunis autour de la salle des séances d'où le président et les membres du bureau avaient été obligés de se retirer, lorsqu'un président improvisé parmi les envahisseurs s'était emparé du fauteuil, et qu'assisté d'un certain nombre de ses complices, une séance dérisoire avait été tenue au milieu de la foule qui, remplissant les tribunes et les bancs des députés eux-mêmes, poussait les cris : La déchéance ! la déchéance ! Ce n'est pas la présence à cette orgie de quelques membres de la gauche plus ou moins sympathiques à ces manifestations qui était de nature à en consacrer la légitimité, et M. de Kératry faisait jouer à ses collègues un rôle aussi misérable que mensonger.

Sur la proposition de M. Dréolle, la réunion décida que la protestation serait produite sous la forme d'un récit sommaire des événements de la journée avec un compte rendu de la séance de quatre heures.

M. le comte Daru, qui avait tenu la présidence en remplacement de M. le marquis de Talhouët, vice-président de la Chambre arrivé tardivement, MM. Martel, Josseau, Buffet, Jonhston et Lefébure, furent nommés comme membres de la commission de rédaction (1).

Dans le cours de la séance, un membre, insistant sur le caractère illégal du gouvernement qui s'était imposé au pays, et stigmatisant l'acte de forfaiture qui avait empêché la Chambre de se réunir, exprima l'opinion que le Corps législatif n'avait pas à se regarder comme dissous ; qu'il devait au contraire se tenir prêt à fonctionner aussitôt que les circonstances lui en donneraient la possibilité et lui en commanderaient le devoir. Ce membre demandait en conséquence que les députés restassent

---

(1) Nous reproduisons ci-après le travail de la commission. (Voir Documents et notes, pag. (11.)

en rapport avec quelques-uns d'entre eux qui seraient chargés d'apprécier ce qu'il serait possible de faire et de donner au besoin les instructions nécessaires.

Cette proposition, appuyée par un certain nombre de membres, ayant été accueillie, MM. le marquis de Talhouët, Buffet et Daru avaient été désignés pour former la commission de direction.

Malheureusement le cours rapide des événements dispersa d'une manière définitive les membres du Corps législatif, séparés les uns des autres par les progrès de l'invasion ennemie. De son côté, ce qui s'appelait le gouvernement de la défense nationale, reculant bien vite devant quelques velléités de faire appel au pays, se cantonna de plus en plus dans le régime de dictature, le régime propre de l'esprit révolutionnaire. Bien loin de rétablir la représentation nationale et d'en faire le point d'appui du sentiment patriotique dont la France tout entière était animée, le pouvoir qui s'était imposé à elle n'eut bientôt qu'un souci, celui de détruire tous les corps électifs qui existaient encore. C'est ainsi que les conseils communaux et plus tard les conseils de département qui, les uns et les autres, avaient montré le plus généreux et le plus unanime empressement à concourir à la défense sacrée de la patrie, furent successivement atteints pour être remplacés soit par des commissions administratives à la nomination du pouvoir, soit par d'autres conseils auxquels la pratique de la candidature officielle, plus que jamais exploitée, ne fit pas défaut. Tous ces scandales trouvèrent leur couronnement dans le décret de Bordeaux qui, au sujet des élections du 8 février, proclamaient la mutilation du corps électoral au profit de la coterie révolutionnaire. Ce qui lui importait, en effet, c'était bien moins le salut du pays que le salut de la république dictatoriale. C'est elle qu'il fallait sauvegarder avant tout, elle qu'il fallait maintenir et perpétuer, et c'est elle encore que la révolution, fidèle à elle-même et aux espérances que lui ont données de trop coupables encouragements, s'efforce de reconquérir, aujourd'hui par l'hypocrisie, demain par l'audace.

# DOCUMENTS ET NOTES

« A ce moment M. Pelletan m'interrompit pour affirmer que les fusils manquaient, que le désordre continuait dans notre armement ; il rappela les mensonges qui avaient trompé le pays au mois de juillet et déclara ne pas croire aux assurances favorables qui, depuis quelques jours, sortaient de la bouche du général Montauban.

« Je me récriai.

« Alors, me prenant à partie, M. Pelletan s'approcha de moi et, de sa voix sourde et menaçante, me dit :

« Oui, Monsieur, vous et vos collègues vous avez eu toujours trop de confiance ; vous n'avez jamais voulu écouter nos réclamations : eh bien ! vous ne savez pas dans quelle situation nous sommes ! A l'heure même où je vous parle, vous ne vous doutez certainement pas des malheurs qui nous frappent ! On endort le pays ; on se tait par prudence, dit-on ; mais cette discrétion est un malheur, car vous-même, Monsieur, vous serez obligé d'insérer demain dans votre journal des nouvelles terribles. La situation est perdue ! *L'empire est perdu* et il perd la France avec lui ! *Il n'y a plus que la nation qui puisse se sauver elle-même en se choisissant de nouveaux chefs.....*»

Récit de M. Ernest Dréolle (p. 17).

« Je m'approchai de lui (Gambetta) pour lui apprendre qu'on préparait une convocation immédiate de la Chambre ; je pensais qu'il ferait bien de l'annoncer à la foule, que cette nouvelle calmerait certainement.

« Gambetta en fit part aussitôt à ses auditeurs, et des cris de Vive Gambetta ! et Vive le Corps législatif ! retentirent alors avec frénésie.

« Les curieux grimpés sur les statues et ceux accrochés aux grilles descendirent. Le jeune député de la gauche, qui voulait voir l'effet produit par son invitation était demeuré là et m'avait pris le bras. Plusieurs individus nous interpellèrent. Pendant que quelques-uns parlaient à Gambetta, il y en eut un qui passa sa main àtravers la grille, m'attira à lui et, d'une voix émue. fatiguée, me dit :

« Citoyen, je vous en conjure, faites que je puisse parler à Gambetta. »

« Puis me parlant à l'oreille, à voix basse :

« J'arrive de la rue de la Sourdière (1) : *Nous sommes dix mille là-bas qui allons venir ici*; nous croyions la gauche réunie. Prévenez la gauche : il faut, à tout prix, empêcher qu'on se porte ici. »

Récit de M. Ernest Dréolle (p. 32 et 33).

« Immédiatement après la dissolution du Corps législatif, un grand nombre de députés s'étaient réunis dans le dessein de publier un récit complet des événements qui mettaient obstacle à l'accomplissement du mandat que les électeurs leur avaient confié et de faire connaître la conduite qu'ils avaient résolu de tenir en présence de ces événements. *Ils ont nommé, à cet effet, une commission.* Les députés ayant été empêchés de se réunir de nouveau, les membres de la commission, s'inspirant des sentiments unanimes manifestés par leurs collègues, *ont rédigé l'acte suivant :*

« Le dimanche 4 septembre, à deux heures, M. le président du Corps législatif déclarait que la séance publique était suspendue pour permettre à la Chambre de se réunir dans ses bureaux.

« Les bureaux étaient appelés à nommer une commission chargée d'examiner trois propositions diverses, tendant à pourvoir aux circonstances exceptionnelles dans lesquelles se trouvait le pays, et à assurer tout à la fois la défense nationale et le fonctionnement d'un gouvernement régulier.

« La séance publique devait être reprise dès que la commission serait en mesure de présenter son rapport.

« A deux heures et demie, alors que la plupart des bureaux sont encore à délibérer, la salle des séances est subitement envahie. Cependant la commission nommée terminait vers trois heures son travail. Le président de la commission fait avertir M. le président de la Chambre que le rapport est prêt. Mais en ce moment toute délibération est rendue impossible par la présence de la foule qui remplit non-seulement les tribunes, mais la salle des séances tout entière.

« Malgré les efforts de la commission et d'un grand nombre de députés réclamant l'évacuation de la salle, il ne peut être procédé à cette mesure.

« A quatre heures, les députés sont obligés, pour pouvoir délibérer, de se transporter dans une des salles de l'hôtel de la Présidence. En l'absence du président, empêché par suite des violences dont il a été l'objet, la séance est présidée par M. le vice-président Leroux, assisté de cinq secrétaires de la Chambre. Dès qu'elle se trouve réunie, l'assemblée, qui compte plus de 200 députés présents, *proteste, sur la proposition de l'un de ses membres, contre l'attentat dont elle vient d'être l'objet, déclarant hautement qu'elle ne reconnaît à aucun groupe de citoyens le droit de disposer des destinées du pays.*

« Lecture est donnée ensuite du rapport de la Commission. Ce rapport, concluant à la nomination d'une Commission de gouvernement élue par le Corps législatif, est adopté.

« Mais, dans le même moment, l'Assemblée est informée que plusieurs députés se sont transportés à l'hôtel de ville, et que le projet de constituer un gouvernement provisoire y est discuté.

« Plusieurs députés, espérant éviter les divisions en présence du péril imminent qui menace la patrie, proposent de tenter une démarche auprès de ceux de leurs collègues qui ont quitté le Corps législatif, dans l'intention hautement proclamée de calmer l'effervescence populaire et de sauvegarder l'ordre.

« Sur l'invitation de leurs collègues, quelques députés se rendent à l'hôtel de ville, avec le dessein de faire comprendre aux membres qui s'y sont transportés la nécessité de s'appuyer sur la représentation nationale, seule force légale et organisée, pour constituer un gouvernement et pour unir tous les efforts de la nation contre l'étranger.

« La séance est levée à cinq heures et demie ; elle est reprise à l'hôtel de la Présidence, dans la même salle, à huit heures du soir, sous la présidence de M. Thiers, assisté des secrétaires.

« MM. Jules Favre et Jules Simon se présentent au sein de l'assemblée et déclarent qu'au moment où a eu lieu la démarche faite auprès d'eux, un gouvernement provisoire, acclamé par la foule réunie sur la place de l'Hôtel-de-Ville, était déjà organisé et que la République était proclamée.

« *Après avoir entendu cette déclaration et avant de se séparer, l'Assemblée signe cette protestation.*

« Le lendemain de ce jour paraissait au *journal officiel* un décret de dissolution de la Chambre, et l'accès du palais législatif était absolument interdit, même aux députés qui se présentaient isolément.

« Tels sont les faits qui mettent les représentants de la nation hors d'état d'accomplir la mission qu'ils tiennent d'elle.

« *Si la Chambre n'adopte pas en ce moment la résolution de se transporter immédiatement sur un point du territoire où elle pourrait délibérer en liberté,* c'est qu'elle obéit à la préoccupation de ne point entraver les efforts de ceux qui, prenant le pouvoir aujourd'hui, ont assumé sur eux l'immense responsabilité de faire face à la défense nationale.

« *Les membres du Corps législatif ne sauraient renoncer aux droits qu'ils tiennent du suffrage universel et qui ne peuvent être invalidés que par lui.* Mais ils persistent tous à se dévouer à l'intérêt sacré de la défense nationale, et ils considèrent que c'est en ce moment le premier devoir d'un bon citoyen.

> « *Les membres de la commission.*
> « Marquis DE TALHOUET, comte DARU, BUFFET, JOSSEAU, MARTEL, JOHNSTON, LEFÉBURE. »

(2025) — Paris. Imp. Jules Le Clerc et C^{ie}, rue Cassette, 29.

www.ingramcontent.com/pod-product-compliance
Lightning Source LLC
Chambersburg PA
CBHW061443050726
47593CB00004B/1443